LA FRANCE RÉPUBLICAINE

ET LES FEMMES

F. Aureau. — Imprimerie de Lagny.

LA
FRANCE RÉPUBLICAINE
ET LES FEMMES

PAR

EUGÉNIE GUINAULT

F. AUREAU, IMPRIMERIE DE LAGNY

1875

LA FRANCE RÉPUBLICAINE

ET LES FEMMES

I

Que faut-il donc pour relever l'honneur du drapeau français, puisque le sang généreux de nos braves soldats vainement a rougi la terre ?

Quels surnaturels efforts dissiperont la mortelle léthargie produite par l'insanité de vingt années d'Empire?

Qu'a-t-on fait de nous, hélas ! et qu'avons-nous fait de nous-mêmes ?...

Ah ! malheur à nous qui avons oublié, ô France ! que on âme vivait en notre âme, que nos vertus étaient ta randeur et nos vices ta perte et la nôtre ! Malheur à ous, qui, dans notre égoïsme, avons détourné la tête du passé ; à nous, qui avons craint de regarder en avant de peur de perdre un instant de jouissance ! Malheur à nous qui avons supporté l'esclavage sans songer que, renoncer à la liberté, c'est anéantir son âme, c'est assassiner la Patrie !

Mais que les stériles gémissements restent le partage de la caducité et de l'impuissance !

Hommes de bonne volonté, levez-vous et agissez !

Combien déjà, voyant le grand vaisseau battu par la tempête, combien déjà jetaient à la mer rames, voiles et boussole ! Combien ont crié : « Nous périssons !... nous périssons et il n'y a plus de patrie ! » Gens de peu de foi, commandez aux flots, et ils obéiront. Ne savez-vous pas que la volonté est une arme divine ? Regardez : la Patrie n'est pas morte ; mais elle dort, attendant que votre énergie et votre dévouement la tirent de sa torpeur.

Ne dites pas : « Quel bien peut faire un homme obscur ? » afin de vous retrancher derrière votre insuffisance comme derrière un rempart, quand le sentiment qui parle en vous n'est que le lâche et hideux égoïsme, source d'insondables malheurs.

A l'œuvre donc, grands et petits ! Pour être utile, il

n'est pas nécessaire d'arriver à l'héroïsme : perfectionner son être, c'est travailler au bonheur de la société.

A l'œuvre !

Nous devons au monde la France, ce foyer lumineux. Que chacun travaille dans la mesure de ses forces. Si vous avez beaucoup reçu, il vous sera beaucoup demandé.

Donnez votre intelligence, donnez vos talents, donnez votre dévouement, donnez tout votre être ; car la rouille ni les vers ne rongeront pas les trésors que vous aurez amassés en créant une France vraiment républicaine.

II

Les Empires, bâtissant ces fameux édifices dont les pierres suintent le sang et dont le couronnement est un chef-d'œuvre d'infamie, doivent fatalement s'écrouler, car tout ce qui contient des germes de corruption doit périr.

Tant qu'il croit que ses souffrances sont le piédestal de la Patrie, le peuple supporte avec patience un joug pesant ; mais le jour où il voit que ses maîtres exploitent ses instincts généreux à leur profit et n'ont d'autre souci qu'une puissance sans contrôle et une domination inébranlable, il frémit d'indignation, redresse la tête, regarde le despote en face, le précipite du trône ; et, comme un ouragan, dans sa colère, en disperse au loin les débris.

Alors, dans une ardente aspiration vers la force qui le délivrera pour toujours de la servitude, il se tourne vers la République, mais, au moment où elle donne au peuple les grands principes qui le feront sage et fort, un de ces parasites qui vivent de la séve du peuple, sentant déjà la chaleur de la main qui va arracher son masque, s'élance de ses doigts crispés, s'efforce d'étouffer la jeune République, et, quand elle gît à ses pieds, il ose, dans son impudente audace, montrer du doigt à la foule indignée un être imaginaire et crier lui-même : « A l'assassin ! »

Les empereurs et les rois s'efforceront en vain de la tuer ; elle est le principe vital de tout peuple magnanime, le libérateur des nations, le Messie qui doit renouveler la face de la terre.

Elle a apparu, et elle a dit à la France paralytique : « Lève-toi, et marche ! » Et la France intelligente est debout, tendant les bras à celle qui est son salut. Et elle regarde en arrière, et elle évoque les siècles ; et les siècles poudreux se dressent à sa voix, laissant dérouler des plis de leur suaire les cadavres que leur ont jetés les rois.

Peuple, veux-tu vivre dans une éternelle enfance ? Veux-tu toujours semer pour qu'un étranger récolte ? Veux-tu mettre au monde des enfants dont un prince héritera comme on hérite d'une pièce de terre ou d'un vil troupeau ?

Peuple, dis, le veux-tu ?

Le chacal guette la proie, et les chiens attendent la curée...

Non ! non ! tu ne le veux pas ! tu ne le veux plus ! Tu repousses avec horreur ces êtres cruels qui se repaissent du plus pur de ton sang et tu t'écries : « Il n'est pas « juste que tous se sacrifient pour un seul, quel qu'il

« soit ; mais que l'intérêt particulier s'efface devant « l'intérêt commun. Uuissons-nous, serrons nos rangs « et regardons l'avenir d'un œil hardi ! »

L'avenir est à vous, fils de Quatre-vingt-neuf, qui marchez vers le bon, le juste, et l'honnête comme le doit tout cœur républicain.

Car, il n'y a pas deux sortes de République, la bonne et la mauvaise ; il n'y en a qu'une ! La République étant LA CHOSE DU PEUPLE, LE BIEN PUBLIC, il n'y a pas plus deux sortes de République qu'il n'y a deux sortes de bien.

Tout ce qui sort de l'honnête n'est pas républicain ; et ce qu'on appelle communément mauvaise république, n'est que la profanation d'un nom sacré.

Donc, républicains, votre titre est votre loi.

Il vous prescrit la vertu, c'est-à-dire l'accomplissement du devoir.

L'oubli de vous-mêmes, c'est-à-dire le dévouement.

Il vous oblige à être chrétiens dans la vraie acception du mot.

Qu'importe si, dans leur hypocrisie, des Pharisiens ont dénaturé les paroles et les actes du Fils de l'homme, sentant que la vérité est leur propre condamnation! Les brebis connaissent la voix du bon pasteur et ne suivent pas le mercenaire.

L'heure de la régénération est venue : que toute idole se brise! Que toute vérité rayonne! La vérité seule vient de Dieu.

Une ère nonvelle va naître.

Déjà, au nom de République, les trônes vermoulus font entendre de sinistres craquements; déjà, pour l'assassiner, ses ennemis ont comploté dans l'ombre comme des malfaiteurs.

— Insensés! ne voyez-vous pas que le cercueil de la monarchie est ouvert? N'entendez-vous pas la République dire aux peuples de la terre cette parole de Jésus : « Voici le commandement que je vous donne : Aimez-vous! »

Demain la France, ressuscitée par elle, la glorifiera à la face du genre humain; et les nations, témoins du prodige, croiront au Christ de ce Lazare.

III

Lorsque vous voulez juger un homme, considérez non ses paroles, mais ses œuvres.

Tout bon arbre porte de bons fruits.

Si quelqu'un vous dit : « Je suis républicain... mais la République est impossible ! » ne le croyez pas, le vrai disciple a la foi.

Si quelqu'un vous dit : « Je suis républicain ! » et qu'il soit une cause de désordre ou de perdition, ne le croyez pas, la République c'est l'ordre et c'est le bien.

Celui-là est vraiment républicain, qui croit à la puissance merveilleuse de la volonté unie à l'intelligence et au dévouement. Il ne se laisse détourner de sa voie ni par les vaines ambitions, ni par la basse cupidité, ni par de lâches défaillances. Il croit, et il marche selon sa foi.

Il marche loin de ces cœurs pusillanimes qui n'ont ni doctrine, ni bannière, et qui se rangent sous le premier drapeau qui passe... s'il est triomphant.

Lui, il lutte courageusement contre le nombre ; il sait que les apôtres étaient douze et que néanmoins la loi du Christ a retenti de l'Orient à l'Occident, du monde connu aux peuples les plus barbares du Nouveau-Monde.

Dans sa foi, il sème... il sème à pleines mains le grain fécond ; c'est pour lui que cette parole a été dite : « Allez, enseignez ! » Et il va, et il enseigne, et il ouvre les yeux aux aveugles, et il rend l'ouïe aux sourds. Lui aussi, il est apôtre !

Sans doute, l'œuvre dont il poursuit la réalisation, étant une œuvre humaine, ne sera point parfaite. Il suffit qu'elle soit modifiable sans qu'il en résulte de grands troubles sociaux, qu'elle puisse répandre ses bienfaits sur des peuples nombreux, qu'elle soit le plus rationnel des modes de gouvernement pour qu'il lui consacre sa vie.

Heureux ceux qui écoutent la parole du vrai républicain ! Plus heureux ceux qui la mettent en pratique. « Ces derniers sont venus pour rendre témoignage à la lumière, afin que tous croient par eux. »

Un des principaux obstacles à l'établissement définitif de la République est, dit-on, l'opposition des campagnes.

Est-ce que les campagnes connaissent la République? — Oui... par les calomnies de ses ennemis. Qu'y a-t-il d'étonnant si elles la repoussent? Certes, les agents impériaux se seraient bien gardés de dire : « Villageois, « ces champs que vous cultivez aujourd'hui et dont les « moissons vous appartiennent; cette maison, héritage « de vos fils, que vous croyez devoir seulement à vos « rudes labeurs, sont des dons que la République vous « a faits.

« Il n'y a pas encore un siècle, vos terres étaient la « propriété d'un seigneur entre les mains duquel vos « pères n'étaient qu'une sorte de bétail, moins précieux « que l'autre peut-être; et ce seigneur avait sur eux « droit de vie et de mort. Ils étaient sa chose, son bien; « et aussi leurs enfants nés et ceux qui devaient naître. « Ils n'avaient rien en propre et ne pouvaient rien ac- « quérir. Ce n'était pas des hommes : c'était des serfs.

« Maintenant, vous êtes libres et vous possédez : vous « n'êtes plus des serfs, vous êtes des hommes... Con-« naissez donc celle qui vous donna l'être ! connaissez « le nom immortel de République ! »

La vérité seule pouvait tenir ce langage ; et l'Empire, et les valets de l'Empire avaient un intérêt capital à faire régner l'ignorance, à propager le mensonge : car l'ignorance et le mensonge étaient leur vie.

Ils ont revêtu la République de leurs haillons sanglants, ils ont souillé son visage auguste de leur bave immonde, et, la présentant au peuple, ils ont dit : « Voici la reine de l'univers ! » Alors, le paysan, saisi d'horreur, a crié : « Crucifiez-la ! » ignorant qu'il condamnait sa mère.

Apôtres de la République, répandez la lumière à flots ! Que les populations rurales apprennent par votre bouche et par vos écrits l'histoire du passé.

« Allez ! enseignez !... » afin que tous s'instruisent des grandes leçons qu'elle donne ; afin que tous sachent ce qu'une couronne peut cacher de turpitudes, ce qu'une main royale peut contenir de boue, d'or et de sang humain.

IV

Lorsque les habitants des campagnes jouiront des bienfaits de l'instruction, quand leur éducation politique sera, sinon faite, du moins commencée, le suffrage universel, ce danger permanent pour la République méconnue, ou plutôt inconnue, deviendra son plus ferme soutien.

Il est impossible qu'un honnête homme connaisse la Républiqué sans l'aimer, puisque la République a pour principe l'honnête, et pour fin le bien général.

Plusieurs prétendent qu'avant de l'établir véritablement, il est nécessaire que la société revienne au sentiment du bien.

Diraient-ils au voyageur qui cherche sa route :

« Quand tu auras franchi un seuil hospitalier, quand tu réchaufferas ton corps épuisé à la flamme bienfaisante d'un foyer ami, je t'indiquerai le chemin qui y conduit. » Ne traiteraient-ils pas de railleur insensé et cruel celui qui parlerait ainsi ? — Et pourtant font-ils autre chose ?

Vouloir l'effet avant la cause, c'est vouloir cette chose absurde : la créature avant le créateur ; c'est vouloir que d'une série d'actes naisse le principe ; quand, au contraire, le principe engendre les actes.

Le principe, c'est la source ; l'acte, c'est le flot qui en découle.

L'effet ou l'acte n'influe pas sur le principe ; mais, le rincipe créant l'effet, celui-ci sera pernicieux si le principe est corrupteur, salutaire si le principe est moralisateur.

D'où il suit que, voulant obtenir tels effets, il faut ue tels principes soient.

L'Empire a passé, il a soufflé sur tout ce qui est grand, oble et beau ; il a produit la cupidité, l'égoïsme et la épravation, étant un principe corrupteur.

Établissez vraiment la République, elle réveillera 'enthousiasme, ce rayonnement de l'âme ; l'amour de a famille, cet épanouiss [illegible] œur ; le patriotisme, ce résumé des vertus civiques; car la République est un principe régénérateur.

Supposons la majeure partie des campagnes convertie à la République, les classes laborieuses dévouées à sa sainte cause; supposons, rangés sous son drapeau, ceux qui aujourd'hui se font gloire « de ne pas s'occuper de politique » — comme si on restait homme n'étant pas citoyen; — admettons à cet honneur les êtres tremblotants « qui ne sont d'aucun parti, » avouant ainsi ou l'engourdissement de leur intelligence ou leur lâcheté; — supposons cela, — supposons plus encore, — supposons tous les Français sans exception prêts à vivre et à mourir pour la République :

— « Alors, vous écriez-vous dans la joie de votre âme, alors l'œuvre est fondée et ses bases sont inébranlables! »

Craignez, craignez de porter un jugement trop prompt! Je vous le dis, en vérité, la tâche n'est point accomplie.

Il y a à vos côtés un être dont vous dédaignez le concours, dont l'esprit vous semble trop inférieur au vôtr pour l'associer à vos œuvres; cet être peut beaucoup pour le bien et beaucoup pour le mal, selon que so intelligence est cultivée ou qu'elle est noyée dans l'ignorance.

C'est donc un auxiliaire puissant ou un redoutable adversaire.

Son influence est d'autant plus active qu'elle est permanente et pour ainsi dire à l'état latent. Beaucoup la nient, par amour-propre il est vrai, néanmoins, ils la subissent, et d'une façon plus efficace peut-être que ceux qui l'avouent.

Hommes du temps ! vous vous étonnez de l'ineptie de la jeunesse actuelle, et vous vous écriez : « Qui a fait cela ?... » Et, hier encore, je vous ai vus éloignant des lèvres de la femme la coupe de science et de vérité, la repoussant du soleil de l'intelligence comme s'il ne luisait que pour vous ! Je vous ai vus lui jeter et les riches tissus et les fines dentelles et les écrins ruineux...

La femme en a conclu que l'ignorance et la vanité étaient son partage.

A son contact, vous êtes devenus vains et frivoles, égoïstes et lâches comme la faiblesse.

Et vous dites : « Qui a fait cela ? »

Hommes du temps, vous avez semé l'ignorance et ous demandez la vertu !

Vos femmes n'enfantent que selon la chair et vous croyez qu'il en naîtra des hommes !

Je vous le dis, hommes du temps, le chêne ne naît point du roseau : ce sont les Cornélies qui enfantent les Républicains.

V

Vous qui niez l'influence de la femme, écoutez ce que dit l'histoire des siècles, elle contient de profonds enseignements :

A peine le soleil naissant éclaire le monde qui commence, à peine le sol fécond de l'Eden est foulé par le premiers pas de ses heureux possesseurs, que déj l'homme semble avoir perdu cette paix suprême, élé ment principal de sa béatitude. Dieu appela Ada et lui dit : — Où es-tu ? — Et Adam se cacha. — Pourquoi crains-tu ? dit le Seigneur.

— La femme que vous m'avez donnée pour compagne m'a présenté du fruit de l'arbre, et j'en ai mangé.

Les siècles passent.

Les premiers patriarches parvenus à la plénitude de leurs jours ont laissé de nombreux descendants qui se sont multipliés sur la terre.

Les fils de Seth, pasteurs aux mœurs pures, méritent le nom « d'Enfants de Dieu ; » ceux de Caïn s'adonnent à la culture de la terre, bâtissent des villes et sont les créateurs des arts.

Ils sont appelés « Enfants des hommes. »

Or, voici ce que dit la Genèse :

« Les enfants de Dieu voyant que les filles des
« hommes étaient belles, prirent pour leurs femmes
« celles d'entre elles qui leur avaient plu. »

Quelque temps après ces unions :

« La terre était corrompue et remplie d'iniquité. »

Il est écrit au livre des Juges :

« Les Israélites firent le mal devant le Seigneur, et
« le Seigneur les livra entre les mains de Jabin, roi
« des Chananéens. »

Il y avait, en ce temps-là, une prophétesse nommée Débora qui, assise sous un palmier, jugeait le peuple entre Rama et Bétel.

Or, elle résolut de tirer son peuple de la servitude; et, en ces jours-là, Dieu confondit Jabin, roi de Chanaan.

Après la victoire, l'écho du Thabor tressaillit au son de ce cantique :

« On a cessé de voir des hommes vaillants dans
« Israël. Il ne s'en trouvait plus jusqu'à ce que Débora
« se soit élevée, jusqu'à ce qu'il se soit élevé une mère
« dans Israël. »

Ainsi chantait Barac, fils d'Abinoëm.

Au livre des Juges il est encore écrit que Samson parvint trois fois à déjouer les artifices de sa femme, Dalila, cherchant le secret de sa force prodigieuse.

« Et comme elle l'importunait sans cesse et qu'elle
« se tint plusieurs jours attachée auprès de lui, sans
« lui donner aucun temps pour se reposer, enfin, la
« fermeté de son cœur se ralentit, et il tomba dans
« une lassitude mortelle. — Alors il lui découvrit toute
« la vérité. »

L'Écriture nous apprend les crimes du saint roi David

pour la femme de son brave et fidèle serviteur Urie ; et comment, dans sa vieillesse, il arracha le bandeau royal du front d'Adonias, son fils aîné, pour en ceindre la tête du fils de l'artificieuse Bethsabée.

Le grand Salomon lui-même, le plus sage des rois d'Israël, « était déjà vieux, dit le livre des Rois, lorsque « les femmes lui corrompirent le cœur pour lui faire « suivre des dieux étrangers. »

Il est encore dit au livre des Rois :

« Achab n'eut point son pareil en méchanceté, « car il fut excité par Jézabel, sa femme, et il devint « tellement abominable qu'il suivait les idoles des « Amorrhéens. »

Voici ce que raconte encore la Bible : « Au temps « d'Assuérus, Esther, fille d'Abihaïl, ayant trouvé grâce « devant le roi, lui fit révoquer l'édit d'extermination « lancé contre les Juifs ; elle en obtint un autre qui les « autorisait à s'assembler pour défendre leur vie et « tuer leurs ennemis et leurs femmes et leurs enfants, « et à piller leurs dépouilles.

« Et l'on marqua à toute la province un même jour « pour la vengeance.

« Et les Juifs tuèrent leurs ennemis en si grand

« nombre que soixante-quinze mille hommes furent
« enveloppés dans ce carnage. Et, dans Suse même,
« cinq cents hommes périrent.

« Le roi l'ayant appris dit à Esther : Que demandez
« vous davantage? Que voulez-vons que j'ordonne
« encore? »

« La reine répondit :

« S'il plaît au roi, que les juifs aient le pouvoir de
« faire demain dans Suse ce qu'ils ont fait aujourd'hui,
« et que les dix fils d'Aman soient pendus.

« Le roi commanda que cela fût fait, et aussitôt
« l'édit fut affiché dans Suse, et les dix fils d'Aman
« furent pendus. »

VI

L'action de la femme est donc une chose importante à considérer.

Mais peut-être vous dites en votre cœnr : « La Bible seule a parlé, et vous ne croyez pas que l'histoire du monde est pleine de tels faits... »

Valeureux fils de Sparte ! frères de Léonidas ! éveillez-vous un instant ! Sortez de votre glorieuse poussière ! Apprenez-nous à quelle source vous avez puisé et votre sublime courage, et vos éminentes vertus !... Parlez, dites-nous si c'est seulement dans les sages lois de Lycurgue et si vous ne devez rien au cœur énergique de vos vaillantes mères ?

Lorsque ta noble main, ô Périclès, dirigeait la grande république d'Athènes, quel ami partageait tes travaux et soutenait ton grand cœur ?

Quelle muse t'enseigna l'éloquence, toi qui calmas les colères du peuple et sus le maintenir tant d'années rien que par l'ascendant de ta parole ?

Est-ce la divine Euterpe qui t'inspira un si vif amour des arts que d'immortels chefs-d'œuvre naquirent à l'ombre de ta protection ?

Ton siècle illustre n'est-il donc que le siècle de Périclès, quand tes mânes tressaillent encore au nom glorieux d'Aspasie ?...

Et toi, fière cité, patrie des Gracques et des Fabius,

laisse-nous, par la puissance de la pensée, faire revivre les temps qui ne sont plus...

C'est ici que l'orgueilleux Coriolan lutta contre les tribuns du peuple; c'est en ces lieux qu'il établit le fameux camp des Volsques. — O Rome! tremble! rien ne peut arrêter les terribles effets de son courroux! Déjà il a repoussé les supplications des patriciens, des sénateurs et des pontifes; il sait que les patriciennes tout en larmes s'avancent vers sa tente, le conjurant de ne point ruiner cette Rome où il vit le jour. — Ah! peut-il craindre qu'on le fléchisse, l'implacable exilé? N'a-t-il point dans le cœur une pensée unique, un seul désir, un seul et violent amour : la vengeance! Il triomphe; Rome suppliante se traîne à ses genoux; mais ce n'est point assez, il faut que cette Rome, jadis altière, pleure avec des larmes de sang son ingratitude.

Un soldat, tout à coup, se précipite vers lui : « — Coriolan, voici ta mère! » Sa mère! Coriolan tressaille, se lève, court, tend les bras : — O ma mère! dit-il. « — Arrête! s'écrie Véturie, que je sache d'abord si « je parle à un ennemi ou à mon fils! — O ma « mère, répond le fier exilé, sentant sous l'œil mater-

« nel expirer sa haine, ma mère, Rome est sauvée...
« mais ton fils est perdu! »

Évoquerai-je ces jours néfastes où notre sol aimé était la proie de l'Anglais, tandis que la jeunesse française laissait rouiller son épée au fourreau, tandis que la cour du roi de Bourges lançait le faucon, emplissait ses coupes et chantait ses amours?

Alors je veux, en face de cette noblesse dégénérée, faire flotter l'étendard de Jeanne d'Arc... et voici que ces courtisans amollis deviennent d'invincibles guerriers, des héros rachetant au prix de leur sang chaque lambeau de la patrie.

Entendez-vous la cloche qui glapit dans la vieille tour de l'église?

— C'est le signal :

« Mort aux huguenots! tue! tue! »

Et les catholiques parcourent les rues et frappent; ils entrent dans les maisons et frappent... ils frappent partout, ils frappent toujours... .

D'où tenez-vous tous ces poignards, ô fratricides! du faible Charles IX?

— Non, de sa mère, Catherine de Médicis!

Pourquoi sur ton froid visage ce sourire de triomphe, grave Maintenon? quelle nouvelle faveur viens-tu d'arracher à ton vieux monarque? Quelque place pour un de tes rares protégés? un don pour quelque monastère? Plus que tout cela, je vois! Serait-ce la révocation de l'édit de Nantes?... Femme, tu as bien mérité de ton confesseur!

Au lieu de faire revivre des êtres séculaires pour constater l'influence de la femme, j'aurais pu vous dire:

« Regardez en votre propre cœur et examinez si « l'ascendant de la femme n'a jamais ébranlé votre « volonté et influé sur vos actions bonnes ou mau- « vaises. »

Mais je n'ai point parlé ainsi, parce que tel d'entre nous qui juge avec équité les actes d'autrui est rarement impartial dans sa propre cause.

Maintenant donc que, pour vous convaincre, j'ai fait sortir du passé quelques noms éclatants. comme on fait jaillir des étincelles de la cendre terne, ne soyez plus incrédules, car je pourrais dire à ce sujet beaucoup de choses encore; mais, si elles étaient écrites, il faudrait plusieurs livres pour en contenir le récit.

VII

La République n'est pas un vain nom, mais une série de principes convergeant vers un but unique : le bien commun.

Or, dans une telle cause, aucun des éléments sociaux, quelle que soit sa valeur, ne peut être dédaigné : tous sont liés entre eux par des devoirs réciproques, et tous, par conséquent, ont des droits.

Oter à une classe quelconque de la société ses droits, c'est l'affranchir de ses devoirs.

Aussi, pour que la femme comprenne les grands devoirs qu'impose l'état républicain, pour que son influence ne mine pas votre œuvre, mais contribue à l'affermir, donnez-lui la sérieuse éducation qui élève le cœur, fortifie l'âme, à laquelle toute intelligence humaine a droit.

Cependant l'incurie à ce sujet est si grande que plusieurs dont on blâmait la coupable négligence ont répondu :

« Qu'importe ! c'est une fille ! »

C'est une fille, — son cœur peut être un cloaque d'ignorance, d'égoïsme et de vanité !...

C'est une fille, — et cette fille, ignorante, égoïste et vaine, vous oserez la donner à un honnête homme... Et vous ne craignez pas qu'un jour cet homme, lassé, épuisé, révolté, repousse loin de lui ce fardeau que vous lui avez jeté, et, en le repoussant, vous maudisse?...

C'est une fille, — et vous croyez qu'une génération sage, éclairée, dévouée à la patrie, sera issue de vous ?...

Homme imprévoyant ! vous avez semé l'ivraie, vous ne récolterez pas le froment !

Bientôt vous gémirez, parce que la désunion et la haine fermenteront au sein des vôtres et rempliront votre vieillesse d'amertume. Hélas ! pourquoi donc avez-vous dit :

« Qu'importe ! c'est une fille ! »

Ah ! vous vous êtes étrangement trompés si vous avez pris pour des femmes les êtres enluminés et chamarrés de l'Empire !

C'était un objet de luxe et de satisfactions matérielles, ayant l'amour du chiffon, le culte du clinquant et l'idolâtrie de soi-même, prêt à tout sacrifier à cet amour, à ce culte, à cette idolâtrie.

Mais la vraie femme, vous ne pouvez pas l'avoir rencontrée à l'ombre des lauriers impériaux, car c'est un être intelligent et vertueux, ayant pour mission de perpétuer la vie, l'intelligence et la vertu.

Celles que vous avez connues étaient les exécutrices des hautes œuvres d'un certain Bonaparte ; il les a lancées sur la grande nation comme une meute cruelle sur le cerf vigoureux ; leurs dents venimeuses ont mordu sa chair ; leurs ongles aigus ont déchiré sa poitrine afin de lui ronger le cœur ; et lui, le Corse, regardait de son œil atone, sa face de cadavre souriait, et il criait : « C'est bien ! »

Alors un nuage épais et sanglant s'est étendu dans l'immensité du ciel, et des voix disaient : « Partageons, partageons les dépouilles de la grande vaincue ! »

Tout à coup les enfants de la France se sont levés : « Debout, Patrie, debout ! le salut est proche ! voici que la République sainte a chassé l'aigle repu qui dévorait tes entrailles ! Voici que du sang de nos frères naît le cèdre immense qui couvrira la terre d'immortels rameaux ! Voici que la femme veut participer à notre grand travail ! »

O vieille Europe ! quel doigt divin a touché ton front ridé et t'a donné cette superbe jeunesse ? Vois-tu de l'horizon monter lentement dans les hauteurs des cieux l'astre qui éclairera les hommes d'un jour nouveau et sous lequel les peuples seront frères ?

Terre bénie entre toutes, ô France ! c'est de ton sein que sortira le cri d'amour et de paix universelle !

Heureux ceux qui, dans tes grandes douleurs, ne t'auront pas reniée, sachant que l'aurore rougit le ciel avant que l'astre se lève !

VIII

J'ai vu des hommes passer de longs jours à dresser leurs chiens pour la chasse, suivre avez une sorte de tendresse le développement de l'instinct chez leurs chevaux, et se reposer entièrement sur des étrangers pour l'éducation de leur fille. Ensuite ils s'étonnaient que l'arbre ne produisît pas les fruits qu'ils voulaient récolter.

Vous vous préoccupez de bien des choses, ô pères de famille ! vous cherchez le moyen de réveiller le patriotisme et d'affermir le désir du bien public : commencez donc par regarder autour de vous, afin d'écarter de votre maison ce qui est nuisible, et de maintenir ce qui est bon, c'est-à-dire vrai. Alors seulement vous pourrez sans danger songer à étendre votre action bienfaisante sur vos frères. Il y en a au milieu de vous qui sont assez soucieux de vos intérêts pour cultiver le champ que vous abandonnez.

Leur tendre sollicitude prend le petit agneau de vos bras, ils lui choisissent les pâturages, l'ombre et les ruisseaux, selon qu'il leur plaît; et c'est dans leur bergerie qu'ils l'emmènent, et le petit agneau ne connaît d'autre voix que la leur... mais que vous importe!

Père indolent! tu cherches à t'absoudre par de spécieux prétextes; mais je sais qu'un jour, par crainte ou entraînement, tu as dit à ta jeune enfant qu'on appelait: « Va! » Un guide l'a prise par la main pour lui montrer le chemin de la vie, et il l'a conduite pas à pas sans que tu aies tourné la tête pour regarder si la route était sûre. Toi, père de famille, tu n'as pas pas trouvé de voix pour dire à ton enfant: « Ma fille, « demeure, nous ne pouvons avoir qu'un peuple et « qu'un Dieu: il n'y a pas deux chemins pour ceux « qui s'aiment... »

Le guide a marché et l'enfant avec lui; il a posé la main sur son cœur, et, à chaque buisson épineux, à chaque bouquet d'églantines, il peut t'en dire les moindres pulsations... mais que t'importe !... De quel droit, du reste, viendrais-tu t'interposer entre l'homme divin et la vierge ? Qui lui a consacré ses soins, son intelligence et sa vie ? Retire-toi ! *Vade retro, Satanas !* Un sceau sanctifiant et ineffaçable est gravé sur cette jeune âme. Qu'y a-t-il de commun entre elle et toi, entre l'ange et l'excommunié ? *Vade retro, Satanas !* Tu as délaissé ta fille, une société sacrée l'a recueillie, instruite, élevée ; retire-toi ! ta fille ne t'appartient plus !

Tu te consoles présentement, car tu espères plus tard ébranler à ton gré sa foi ardente. Quel faux jugement as-tu conçu au sujet de ceux qui ont pétri son âme ? Va, parle et sois confondu ! Répète à ta fille ce qu'on a dit de plus amer contre ses précepteurs :

« Que celui à qui elle dévoile ses plus secrètes pen-
« sées, qui ausculte son âme jusque dans ses plus in-
« times mystères, est soumis lui-même à toutes les
« misères de l'humanité ;

« Qu'il imite les mercenaires chassés à coups de
« fouet du temple par le Christ ;

« Les Pharisiens, dont il disait au peuple : « Faites

« ce qu'ils vous disent ; mais ne faites pas ce qu'ils « font. »

Dis cela, elle te répondra :

« Calomnie ! »

Poursuis, poursuis, afin de t'assurer toi-même de la puissance de la première éducation : dis-lui que ce Dieu auquel elle attribue des passions humaines est un faux Dieu, créé par l'homme à son image et modifié selon ses intérêts ; que son culte est une idolâtrie, qu'elle croit la Vierge plus dieu que Dieu même.

Prouve à ton enfant qu'on a frappé son esprit d'aveuglement et gonflé son cœur de superstitions, et qu'elle ne connaît ni « le Père, » annoncé par le Christ, ni le Christ lui-même. Affirme, l'Évangile en main, que la Vierge n'est point immaculée, et soutiens, appuyé sur l'histoire ecclésiastique, que le pape n'est point infaillible...

Homme audacieux et criminel, retiens enfin ta langue sacrilége ! Ta fille s'est détournée de toi avec horreur en criant : « Anathème ! »

Apprends donc que celui qui greffe l'arbre travaille pour lui et pour les siens.

IX

Les préceptes donnés à l'adolescence sont comme des arbrisseaux qu'on plante encore tout frêles; ils croissent et leurs racines pénétrant le sol plus profondément chaque jour, finissent par y adhérer de telle sorte que le vent le plus impétueux ne peut les en arracher.

L'incrédulité et la superstition amoindrissent l'âme; écarte donc l'une et l'autre du cœur de ta fille, homme sage, et n'y laisse pénétrer que ces deux choses :

L'amour de Dieu et l'amour du prochain.

Le Maître l'a dit : « C'est là toute la loi, » la loi qu. produit toute perfection morale. Ces deux amours, en réalité, n'en sont qu'un, modifié selon la perfection de l'objet.

Celui qui aime croit et espère.

La foi, l'espérance et l'amour sont trois puissants leviers capables chacun de soulever le monde. Celui qui ne sent pas battre cette triple vertu dans sa poitrine est digne de commisération, parce qu'il ne peut rien produire d'utile; celui-là seul qui la possède est fort, ses œuvres sont fécondes et durables, et c'est par lui seul que la Patrie peut être régénérée.

X

Rien ne peut donner à l'âme une force surnaturelle, une force par laquelle la vie même est peu en face du du devoir; rien plus que la pensée de l'éternel et de l'infini.

La vue constante des objets matériels fait que nous

ne pouvons concevoir un être sans lui donner une forme ; de là l'idolâtrie, culte nécessaire à toute âme qui ne regarde pas assez haut.

Il faut que l'esprit soit développé par l'étude et la méditation, qu'il domine la matière pour se faire de Dieu une idée plus parfaite.

Le sentiment de son existence peut saisir l'homme si puissamment qu'un cri d'amour et d'effroi s'échappe involontairement de ses lèvres. Ainsi Voltaire, à la vue d'un panorama sublime, ne peut que tomber à genoux en s'écriant : « Mon Dieu, je crois en vous ! »

Il est donc possible qu'un esprit fini ait quelque idée de l'esprit infini.

Écoutez ! le soleil luit dans ce moment ; mettez entre votre visage et son disque radieux un voile transparent et supposez que jamais vous ne l'avez vu autrement.

Quoique son éclatante lumière soit tamisée, la faible partie qui traverse la trame du tissu suffit pour prouver que non-seulement le soleil existe, mais que cet astre est un foyer lumineux et calorifique.

De même le voile qui est entre notre âme et Dieu, la matière, laisse cependant arriver jusqu'à elle les rayons du foyer divin : rayons vivifiants, tranformant sans cesse cette même matière, et dont l'action permanente produit ce que nous appelons œuvres de la nature.

Celui qui attribue à Dieu un sentiment de colère, de vengeance ou de partialité, déifie ses propres passions; mais il n'a pas la moindre idée de Dieu. Il s'agenouille devant sa propre image, il perfectionne à son gré la perfection même, et veut que l'essence de la vie ait telle ou telle manière d'être, tandis que la raison n'en peut admettre qu'une : « Elle est. »

Dieu est donc absolument; c'est l'être par excellence d'où naît tout ce qui vit : c'est « le Père, » selon la belle parole du Christ.

Vous n'avez besoin ni de longs discours, ni de livres savants pour enseigner Dieu à votre enfant. Les œuvres de la nature le lui montreront véritablement, tandis que les arguments des rhéteurs ne pourraient que le démontrer.

Emmenez-la hors de ces lieux où les hommes trafiquent, et considérez avec elle ce qui vous entoure.

Prenez ce frêle bourgeon qui croît là, tout près de vous, et maintenant, c'est lui qui va instruire l'enfant.

Déchirez avec précaution les délicates enveloppes qui le préservent du froid et de la pluie, qui le défendent contre l'insecte meurtrier. Voyez quel fin duvet l'enveloppe de toutes parts! Le roitelet dort-il dans un nid plus chaud et plus soyeux? Voyez ces écailles brillantes superposées si régulièrement, soudées avec tant de solidité qu'elles gardent plus sûrement le germe précieux que la triple enceinte des palais ne protége le rejeton des rois.

Touchez cette couche résineuse étendue sur toute la surface : jamais l'art des hommes n'a inventé de si imperméables vêtements.

La bise peut souffler, le ciel peut laisser fondre sur lui son nuage printanier, le faible bourgeon ne périra pas.

Dans quelques jours vous chercherez en vain les enveloppes protectrices autour du germe délicat; désormais inutiles, elles ont disparu comme les bonnes fées des légendes, veillant tant que dure le danger, et le jeune rameau, ferme et vigoureux, s'élance hardiment dans les airs.

La cause de cette étonnante transformation, c'est ce mystère que nous appelons « Vie. »

Oui, le jeune rameau est vivant; car la vie, c'est l'affirmation de l'être, et il s'affirme par la croissance et la reproduction.

La vie circule en lui et elle circule partout sans interruption ; la mort est un mot indiquant tel état de la matière subissant une nouvelle métamorphose; mais nul atome matériel ne pouvant disparaitre, il ne peut signifier anéantissement.

Le jeune rameau a donc la vie : dans ses vaisseaux le sang va et vient comme le sang dans les artères et les veines de l'homme; comme chez lui deux appareils l'élaborent sans cesse, mus par les organes de nutrition et de respiration : les racines et les feuilles.

Une telle série de phénomènes indique une prédestination. Être, doué d'une vie inférieure, la plante doit concourir à l'œuvre divine, selon le degré de perfection qui lui a été departi.

Qui peut dire les prodiges qu'elle opère pour atteindre sa fin, la transmission de la vie?

Esclave attachée à la glèbe, elle brise la tige qui la retient au fond des eaux, et donne sa vie pour un instant de liberté.

Captive, elle fuit sa prison ; collée à l'aile diaphane

de l'abeille, elle fend les airs, plus rapide que l'hirondelle, jusqu'à ce que sa compagne aérienne la dépose dans le sanctuaire, qui, pour la recevoir, emprunte à la lumière ses plus délicates nuances, exhale dans l'air ses plus suaves parfums.

XI

Les œuvre de la nature ne peuvent nous enseigner que le vrai, car elles sont une manifestation de Dieu.

Or, le vrai ne peut nous conduire au mal, qui est la négation du vrai, c'est-à-dire le mensonge, c'est-à-dire le néant; donc l'étude de la nature est une source intarissable d'enseignements salutaires, le meilleur moyen de connaître Dieu.

Ces plantes gracieuses, qui semblent créées seulement pour le plaisir des yeux, sont cependant d'une nécessité absolue à la vie de l'homme; elles-mêmes n'existent que grâce au secours des substances inorganiques qu'elles empruntent au règne minéral et qu'elles transforment en matières organiques, seules substances assimilables à l'animal, lequel, à son tour, après en avoir extrait ce qui lui est propre, restitue au règne minéral ce que la plante lui avait enlevé..

Ainsi, la matière se meut sans cesse dans un vaste cercle sans qu'une molécule s'égare, sans qu'un atome se perde.

Ainsi tous les êtres travaillent en commun, chacun des membres de la création jouissant d'une vie particulière, concourt à la vie collective d'êtres formant cette institution que nous appelons Nature.

Et il n'y a ni maître ni roi pour en maintenir l'établissement; il y a plus que tout cela : un maître ou un roi étant un être pour le service ou les plaisirs duquel beaucoup d'êtres de la même espèce travaillent, s'épuisent et meurent, et qui ne travaille, ne s'épuise et ne meurt pour personne; qui reçoit tout d'autrui et ne donne rien de lui-même; il n'y a donc pas, quoi qu'on en ait dit, de roi de la nature : mais un Père qui donne sans cesse aux bons et aux méchants, et à qui nous ne pouvons donner une pensée sans lui rendre son propre bien.

Il a répandu comme un trésor l'intelligence dans la grande république, et chacun, dans une mesure relative à l'importance de son rôle, en reçoit sa part ; mais chacun, selon la part qu'il a reçue, est obligé d'atteindre à un certain degré de perfection.

Les merveilles de la terre ne sont pas seules à nous révéler l'être du Père ; levez les yeux vers le firmament où scintillent d'innombrables étoiles ; dites à votre enfant ce que sont ces mondes ; dites-lui le rapport qui existe entre eux et la terre qui lui semble si grande. Humble planète où s'élaborent tant de vanités, elle poursuit son invariable course dans l'espace, suivie de sa modeste compagne, tandis que des planètes voisines décrivent leur ellipse immense, escortées d'une suite nombreuse et pouvant compter jusqu'à huit satellites dans leur sphère d'action.

Que votre fille sache en vertu de quelles lois immuables ces vastes corps se meuvent ; comment ces soleils, centre d'attraction pour un certain nombre d'astres, peuvent à leur tour obéir à une plus puissante attraction.

Comme l'alouette qui se heurte aux barreaux de sa cage en voyant un rayon de soleil, l'esprit humain, à la contemplation des mystères de l'infini, s'arrête effrayé. Il se retourne et s'interroge lui-même. Il sonde sa propre nature, abîme de misères et de grandeur.

Qu'est donc en effet ce nouveau Prométhée dont la taille égale à peine celle d'un arbuste et qui va ravir l'étincelle au nuage pour en faire le messager qui portera sa pensée aux extrémités du monde ?

Quel est cet être singulier qu'un rien peut tuer et qui force le feu céleste à ourler les langes de son nouveau-né ? qui fixe aux astres le temps de leur révolution, qui calcule leurs distances respectives et détermine leur marche, qui formule les lois physiques auxquelles tout obéit passivement sur la terre et dans les cieux ?

Quel est donc celui-là que la terre ne peut enfermer et qu'un baiser d'enfant fait sourire, qui pèse sa propre faiblesse et son étonnante grandeur ?...

O homme ! ce que tu sens petit en toi, c'est ce corps, [illegible]ôt comme une poignée de cendres dans le [illegible] creuset où s'élabore l'œuvre de vie.

[illegible]t grand, c'est toi-même, c'est l'esprit que

rien ne peut altérer et qui se rapproche de Dieu à mesure que tu te perfectionnes.

Si tu ne vis pas seulement de pain, tu le comprends, et tu ne laisseras pas ton intelligence, cette noble partie de toi, dans un état de stagnation, et tu n'éteindras pas ta raison, ce flambeau que Dieu t'a donné pour éclairer ta route.

O pères de famille! élevez l'esprit de vos enfants par la contemplation des œuvres divines; agrandissez leur âme par l'étude des sciences naturelles, non pour qu'ils s'enorgueillissent de leur savoir qui, quel que soit son étendue, ne sera toujours que peu de chose; mais afin de devenir meilleurs, d'être plus utiles à leurs frères; car plus on sait, plus on peut faire de bien; mais pour aimer plus parfaitement Dieu, dont leur âme est une image dans la mesure du fini à l'infini.

❀

XII

Celui qui aime véritablement « le Père » est plei de mansuétude pour ses frères ; car repousser les en fants du Père, c'est l'offenser ; et qui voudrait offense celui qu'il aime ?

L'amour de Dieu entraîne nécessairement l'amou du prochain. Mais ce prochain, est-ce l'humanité en tière comme plusieurs le prétendent ?

Où donc alors la pauvre âme humaine trouvera-t elle cet amour immense et surnaturel auquel tou ont droit également ?

Si elle est capable d'une abnégation sublime po ceux qui tiennent à elle par des liens quelconques doi elle à l'étranger de semblables sacrifices ?

Ce serait à la fois injuste et insensé.

Celui qui mesure le vent à la toison des brebis n'a pu donner une telle loi.

Un des docteurs réunis autour de Jésus lui fit cette question :

« Qui est le prochain ? »

Et le Christ répondit par la parabole du bon Samaritain, et le docteur en tira lui-même cette conclusion :

« Le prochain est celui qui exerce envers nous la « miséricorde. »

Ce n'est donc pas le genre humain tout entier.

La loi est donc sage, elle est facile à accomplir : il est doux d'être une source de consolation et de joie pour ceux qu'on aime.

Mais peut-être, jeune fille, tu n'as pas encore songé à la grandeur de ce devoir, l'amour du prochain, — l'amour des tiens? Tu as reculé devant l'impossibilité de pratiquer une loi écrasante et tu l'as rejetée sans chercher la vérité, sans dire : « Toute loi qui excède « les forces humaines et qui est imposée à l'homme « ne vient pas de Dieu. »

Ton prochain, ce sont tes parents, ce sont tes amis,

c'est surtout celui que ton cœur choisira et les enfants que tu mettras au monde.

Voilà ceux que tu dois aimer comme toi-même. Quant aux autres, tu dois respect, bienveillance ou protection, mais non l'abnégation de ton être qui est le bien propre des tiens; mais non le sacrifice de toi et des tiens que tu ne dois qu'à la Vérité et à la Patrie.

Depuis ta naissance, tu t'abrites sous l'aile maternelle comme un petit oiseau; regarde la jeune fauvette enfouie chaudement dans son nid, elle attend que sa mère lui apporte l'insecte qui doit la nourrir. L'an prochain, c'est elle qui, dans ce nid, pourvoira à la nourriture de ses petits et les protégera de son amour.

Aujourd'hui, c'est sur ta tête aimée que sont versés tous les trésors de la famille, mais un temps viendra où il faudra rendre ce qu'on t'a donné.

Souvent on t'a parlé de tes devoirs envers tes parents, et tes tendres caresses ont, bien des fois, fait rayonner leurs sérieux visages; on t'a parlé de la grande famille humaine et tu as jeté, souriante, ta pieuse aumône sur les genoux de l'indigent; mais on ne te parle pas du plus important de tes devoirs, de celui dont les conséquences ne s'arrêtent pas à toi.

Jamais on ne te dit : « Un jour tu seras femme et « tu seras mère; sache qu'aimer son prochain, c'est « lui être utile, c'est le conduire au bien, tu réponds « de tes actes devant la Patrie et devant Dieu. »

Amasse donc présentement tous les trésors possibles dans ton âme, car tu ne pourras donner aux tiens plus que tu n'auras acquis.

Si tu as la volonté de faire le bien, la force ne te manquera pas pour y arriver ; le Père aplanit la voie à tous en donnant à chacun ce goût qui les porte à leur fin et que nous nommons instinct ou aptitude : e tu as reçu cette magnifique aptitude de compréhension, l'intelligence ; et tu es douée de ce sublime instinct, le dévouement, parce que tu as pour mission d'inspirer à ton prochain l'amour de la vertu.

XIII

Jeune fille, c'est l'Évangile qui te conduira dans le droit chemin.

Laisse celles à qui cela plaît faire glisser entre leurs doigts les grains d'un rosaire, apprendre à haïr au récit des hérésies fameuses, étouffer les sentiments naturels et généreux du cœur au contact de ce livre si injustement nommé *Imitation de Jésus-Christ*. Laisse-les et ne les blâme pas : Dieu seul est juge ; pour toi, lis l'Évangile, médite-le, lui seul t'enseignera l'amour véritable.

Que de sujets d'instruction ! Prenons, par exemple, la parabole des dix vierges allant au-devant de l'époux.

Cinq d'entre elles sont sages, elles ont soin avant son arrivée de remplir leur lampe d'huile, c'est-à-dire leur âme de savoir et de vertus ; les autres, légères et imprévoyantes, voient bientôt leur lampe s'éteindre, e l'époux les repousse, et les portes de la maison s ferment devant elles : c'est qu'il n'a trouvé dans leu âme que faiblesse et obscurité.

Si tu voulais me suivre, ô jeune fille, je te condui rais sous un toit où l'une d'elles gémit encore...

Regarde cette femme assise tristement près du foye où la flamme se meurt.

Elle est seule et elle pleure.

Pourtant elle est jeune, son visage est frais et charmant.

Elle est seule, parce que l'époux la délaisse.

Elle pleure, parce que ses rêves n'étaient que de illusions... Ah! rêves perfides, pourquoi lui disiez vous : « La beauté, le plaisir, c'est là que doiven « tendre tes vœux. » Et vous, qui lui avez indiqué s route, que n'avez-vous dit : « Regarde en face, c'es « le but, » au lieu d'en détourner son visage ; mai votre intérêt était ici et non là !

Hélas ! hélas ! pauvre vierge folle, vous sentez le vid de votre âme aujourd'hui que l'époux cherche loin de vous la vie intellectuelle que vous ne pouvez partage avec lui.

En tout temps vous avez satisfait votre vanité, et les propos futiles conviennent seuls à votre bouche.

Hélas! hélas! que n'avez-vous mis de l'huile dans votre lampe! que n'avez-vous su aimer votre prochain!

Ne perds pas, jeune fille, comme la vierge folle, les belles années de ta jeunesse en puérilités de toutes sortes, car tu es l'arbitre de la paix de ton âme, le principal élément du bonheur des tiens.

Malheur à celui qui n'entend sous son toit que des paroles égoïstes et lâches, il sera bientôt gangrené et deviendra digne du mépris des uns et de la pitié des autres.

Malheur surtout à la femme qui prononce de telles paroles : la dégradation des siens sera son œuvre, et la honte de son nom rejaillira du front de ses fils aux pierres de son tombeau.

Tu dois à celui que tu aimeras, non-seulement le charme de ton esprit et tes grâces de femme, mais l'âme forte d'un vaillant ami.

Dans les jours agités et difficiles, c'est ta voix qui doit lui dire : « Allez! agissez sans autre considération « que le bien public : si vous souffrez persécution « pour la justice, je saurai souffrir avec vous. »

XIV

Afin de t'intéresser à tout ce qui intéresse les tiens, apprends tout ce qu'on enseigne ordinairememement aux jeunes filles; mais va plus loin, aussi loin que Dieu le permet : l'intelligence que tu possèdes est ta mesure.

Dans le monde où nous vivons, on considère comme d'une importance suprême cette chose toute de convention, l'orthographe, dont la plus grave contravention a pour résultat d'ajouter ou de supprimer tel caractère; et combien songent à la nécessité d'apprendre à celle qui sera mère comment l'aliment se transforme en la chair rose et blanche de l'enfant, comment l'air renouvelle son sang vermeil, comment e même sang porte la vie dans ce petit corps, afin u'elle soit capable de lui donner des soins éclairés. ussi combien de fois l'ignorance des mères a-t-elle eu de funestes conséquences !

Quelle femme ne peut, dans une journée, trouver une heure pour travailler à s'instruire? Est-ce que la plus occupée n'emploie pas plus de temps aux soins de sa personne?

N'imite pas cependant celles qui, par une exagération malheureuse, s'imaginent qu'il faut s'occuper uniquement de l'esprit et mépriser le corps. Si Dieu nous a faits hommes, c'est-à-dire esprit et matière, c'est qu'il n'est pas bon de négliger absolument l'un pour l'autre, et que nous devons partager nos soins entre eux.

Pour que nulle main étrangère ne dirige ta maison, ne dédaigne ni l'aiguille ni les moindres détails de l'économie domestique.

Ces soins quotidiens ne sont pas incompatibles avec le travail de la pensée, ils produisent au contraire une accumulation de force intellectuelle en établissant une intermittence de labeurs et de repos.

Cultive les arts si tu en as le goût, ce sont des moyens de plus d'être agréable aux autres.

Mais garde-toi de rien faire par ostentation : l'ostentation est une sorte d'hypocrisie.

Celui qui aime sincèrement le bien ne se soucie pas des louanges ou du blâme des hommes ; il fait ce qu'il croit bon, et il ne voit que le regard satisfait du Père qui est dans les cieux. Son cœur n'aime que la vérité en toutes choses, car la vérité est un des noms de Dieu.

Détourne-toi du méchant s'il ne t'est pas possible d'améliorer son âme ; mais souviens-toi que celui qui peut empêcher le mal et ne le fait pas n'est pas parfaitement honnête.

Que ton courage à étudier les choses qui t'entourent ne défaille pas devant les railleries des sots et des envieux, devant les fades plaisanteries de ceux qui ne comprennent pas la bienfaisante influence d'une femme instruite et sage, travaillant des doigts et de l'intelligence au bonheur de ceux qu'elle aime.

Si le chemin de l'étude et de la vertu a quelques aspérités, qu'importe ! puisque c'est seulement dans cette voie que tu deviendras un être capable d'apprécier et d'agir. Marche avec un cœur simple et droit, non pour obtenir une récompense même en la vie future ; mais pour rapprocher ton cœur du cœur de Dieu, mais pour participer, toi et les tiens, à ce grand œuvre, la régénération de la Patrie.

XV

Ne reste pas indifférente, jeune fille, à la gloire ou aux douleurs de la Patrie, ni aux actes de ceux qui préparent l'une ou attirent les autres.

Écoute, regarde, lis, et forme-toi un jugement sur les hommes et sur les choses, de peur que des paroles inconsidérées n'excitent les tiens à oublier leur devoir.

Qui s'étonnerait de te voir inquiéter des affaires présentes, quand on t'impose l'obligation de connaître le nom de Gengis-Khan, la législation de Solon et les exploits d'Agésilas ?

Avant que le malheur s'abattît sur la France comme le vautour sur la proie, il y avait des pères et des mères qui disaient à leurs enfants :

« Laissez ! les affaires du pays ne sont pas les « vôtres ! N'allez pas compromettre votre fortune et « votre avenir par quelque critique contre le pouvoir, « laissez faire les autres ! »

Et les fils adolescents laissaient les autres penser et agir, c'est-à-dire vivre à leur place, et ils ne sentaient pas que ce cancer, l'égoïsme, leur rongeait le cœur.

Et quand la Patrie sanglante les a appelés à son secours, quand les autres étaient prêts à vaincre ou à mourir, leurs dents se choquaient de frayeur au sifflement de la mitraille, et ils n'osaient montrer au ciel leur front blafard, craignant d'exposer leur misérable vie. Dans le fond des maisons, les femmes murmuraient : « Cachez-vous ! cachez-vous ! laissez faire les « autres !... Périsse la Patrie ! périsse la liberté ! « pourvu que nous puissions chaque jour manger et « dormir sans souci du lendemain ! »

O républicains ! à la vue d'une telle lâcheté vous avez frémi d'indignation et de rage ; mais vous n'avez pas désespéré du salut de la Patrie !

Vous n'avez pas désespéré, parce que sa vie n'es point en ceux-là, mais en vous.

Parce que vous sentez en votre âme cette force surhumaine qui fait les héros, qui fait les martyrs.

Parce que vous annoncez à tous cette vérité : Combattre l'ignorance c'est détruire le germe de nos plu grands maux.

Vous n'avez pas désespéré, parce que beaucoup grands et petits, citadins et villageois, sont las de promesses menteuses des monarchies, et que le peupl veut se sauver lui-même.

Parce que la femme, appelée à la lumière de votr soleil, va travailler avec vous à l'édification de votr tabernacle, comprenant que, pour donner à la Fran de vrais hommes, elle doit être une vraie mère selo la nature et selon l'esprit.

Maintenant, vous, rebut des nations, qui dans votr fureur insensée avez pillé, assassiné, entassé l ruines, vous pouvez crier au monde entier : « Je su la République ! » nul ne vous croira, et plus d'u pénétré d'horreur pour votre sacrilége impostur arrachera votre masque et vous crachera vos vr noms à la face.

Toi, Empire, qui portes au front la marque d'une éternelle infamie, que t'a servi de ramper dans la boue sanglante? La République, que jadis tu as poignardée, s'est levée de son cercueil et t'a dit : « C'est encore moi! va-t'en! »

Toi qui, à main armée, es venu demander la France ou la vie, qui as mis des peuples face à face pour en faire d'implacables ennemis, regarde, la République se penche vers eux et dit :

« Liberté! fraternité! »

Et les fils de la République ont dit à tous les cœurs français :

« Aimons-nous, unissons-nous, pour que la grande « régénération commence!

« Aimons-nous, unissons-nous, pour que le jour de « la vérité se lève!

« Aimons-nous, unissons-nous, pour que nos en- « fants aient une patrie! »

En vérité, en vérité, je vous le dis, le salut de la France n'est point dans les mains de tel prince à l'affût d'un royaume, mais dans l'énergie, la sagesse et le dévouement des cœurs républicains.

PENDANT L'ARMISTICE

« Et le Fils de l'homme sera livré
« pour être crucifié. »

Laissez! j'ai vu traîner la France dans l'arène,
Mes yeux ont vu pâlir sa tête souveraine
Et son front se heurter
Au sable que rougit le sang de la martyre;
De mes doigts frémissants je vais briser ma lyre :
Je ne veux plus chanter!

Je ne veux plus chanter, car je t'aimais, ô France!
Plus que le jeune cœur sa première espérance,
Plus que l'oiseau son nid!
Des mondes gravitants si j'avais eu les flammes,
Afin de te sauver, j'en aurais fait des âmes
Aux masses de granit.

Hélas! hélas! j'ai vu la trahison qui rampe
Jusqu'à ton cœur sacré lever sa sourde lampe,
Et j'ai vu triomphants,
Féroces et dévots, les princes homicides
Mettre, au nom du Seigneur, des poignards parricides
Aux mains de tes enfants...

D'un criminel baiser, la lâche félonie
A donc déjà troublé ta cruelle agonie,
Fille du Dieu vivant,

Que pour mieux insulter à tes vertus divines,
Voici qu'on a tressé ta couronne d'épines,
Et que, te poursuivant,

Le Germain dont grandit la haine séculaire
A tes vaillants efforts assouvit sa colère
En préparant ta croix !
Ne pleure pas sur toi ! pleure l'aveugle rage
De ceux qu'irrite encor ton sublime courage
Et qui servent les rois !

Le Christ vendu, trahi, délaissé du ciel même,
Cloué sur le gibet, avait la foi suprême
De sa divinité.
O France abandonnée, épuisée et meurtrie,
Crois en toi, crois en toi ! Dans ton sein, ô patrie !
Bat l'immortalité.

Malheur à ceux qui t'ont ou vaincue, ou livrée !
Les larmes germeront dans notre âme navrée,
Et nous verrons encor
Ceux qui vont n'outrageant les héros qu'au Calvaire,
Tremblants, se prosterner la face contre terre,
A l'heure du Thabor...

Aux vents de l'univers jette le nom magique,
Le nom libérateur et saint de République !
Laboureur, prends le grain :
Répands dans les sillons la féconde semence,
Qu'importe l'ouragan !... le grand travail commence,
L'épi naîtra demain.

EUGÉNIE GUINAULT.

F. Aureau. — Imprimerie de Lagny.

www.ingramcontent.com/pod-product-compliance
Lightning Source LLC
LaVergne TN
LVHW010044230826
846091LV00005B/1853
* 9 7 8 2 0 1 3 3 4 6 5 5 9 *